Jean Van Leeuwen

Oliver und Amanda finden ein Geschenk

Bilder von
Ann Schweninger

1. Auflage in Schreibschrift 1992
Alle deutschen Rechte bei Carlsen Verlag GmbH, Hamburg 1992
Originaltextcopyright © 1985 by Jean Van Leeuwen
German translation rights arranged with Sheldon Fogelman
and Dial Books for Young Readers
Originalbildcopyright © 1985 by Ann Schweninger
Originalverlag: First published by Dial Books for Young Readers,
a division of NAL Penguin Inc., New York
Originaltitel: MORE TALES OF AMANDA PIG
Aus dem Amerikanischen von Ilse Strasmann
Einband von Jan Buchholz, unter Verwendung
einer Illustration von Ann Schweninger
ISBN 3-551-53218-4
Printed in Hong Kong

Für Elizabeth,
die nie Eier essen wird,
wenn sie mal groß ist
J. V. L.

Für Anne Schwartz
und Atha Tehon
A. S.

Inhalt

Mutter und Vater und Kind   11

Besuch   23

Das Schaumbad   33

Das Geburtstagsgeschenk   43

Groß werden   53

Mutter und Vater und Kind

„Vater", sagt Amanda.

„Ja, was ist denn?" fragt Vater.

„Ich rede doch mit Oliver", sagt Amanda.

„Oliver ist der Vater.

Du bist der Großvater."

„Ach so", sagt Vater.

„Vater", sagt Amanda, „unser Kind hat
Hunger, und wir haben nichts zu essen im
Haus. Geh bitte einkaufen."
„Gut, Mutter", sagt Oliver.

„Wie bitte?" fragt Mutter.
„Ich rede mit Amanda", sagt Oliver.
„Du bist die Großmutter."

Oliver kommt mit einer großen Tasche
voller Einkäufe zurück.
„Unser Kind weint immer noch", sagt
Amanda. „Ich glaube, es hat Fieber. Halt
es bitte mal, Vater."
Amanda gibt Oliver das Kind.
Oliver gibt Amanda die Einkaufstasche.
Amanda läßt die Tasche fallen.

„Ach du meine Güte", sagt Amanda, „jetzt müssen wir fegen."

Oliver und Amanda fegen.
„Amanda… ich meine, Mutter", sagt Oliver, „ich glaube, die anderen Kinder weinen."

„Welche anderen Kinder?" fragt Amanda.
„Unsere anderen Babys", sagt Oliver. „Ich
sehe mal nach."

Er kommt mit den anderen Kindern
zurück. „Sie sind alle krank", sagt er.
„Sie haben alle achtunddreißig neun
Fieber."

„Ach du meine Güte", sagt Amanda. „Ich rufe wohl besser die Ärztin an."

„Ja, Frau Doktor", sagt sie, „ich gebe den Kindern also die rosa Medizin. Jetzt muß ich auflegen. Die Spaghetti und die Fleischklößchen brennen sonst an."
Amanda legt auf.
„Ach du meine Güte", sagt sie, „unser Essen ist schon verbrannt."

„Macht nichts", sagt Oliver, „ich backe
uns Bananen-Pfannkuchen."

Amanda gibt den Kindern die rosa
Medizin.
„Ich glaube, es geht ihnen schon besser",
sagt sie.

„Das Essen ist fertig", sagt Oliver.
Oliver und Amanda und alle Kinder
setzen sich zu Tisch.

„Sprich nicht mit vollem Mund, Hanne
Hase", sagt Amanda.

„Tiger, hör auf, Ele zu ärgern. Man wirft nicht mit Fleischklößchen!" sagt Oliver. „Die Kinder haben kein Benehmen", sagt Amanda. „Meine Güte, sieh dir an, was Hanne Hase wieder gemacht hat."

„Was denn?" fragt Oliver.

„Sie hat ihre Milch umgekippt", sagt Amanda. „Jetzt ist alles naß."

„Wir müssen ein Wischtuch holen", sagt
Oliver.
Sie gehen in die Küche.

„Großmutter", sagt Amanda, „gibst du
uns Saft und Plätzchen? Wir sind
furchtbar müde."

„Es ist wegen der Kinder", sagt Oliver.
„Wie viele Kinder habt ihr denn?" fragt
Mutter.
„Zwölf", sagt Amanda.
„Dann setzt euch lieber und ruht euch ein
bißchen aus", sagt Mutter.
Oliver und Amanda setzen sich hin.
Mutter holt Saft und Plätzchen.

„Mutter und Vater zu sein, ist sehr anstrengend", sagt Amanda.

„Das finde ich auch", sagt Mutter.

„Mutter", sagt Oliver, „weint da eins der Kinder?"

Amanda lauscht.

Sie beißt in ihr Plätzchen.

„Ich höre nichts", sagt sie.

Besuch

„Warum kochst du die ganze Zeit?" fragt
Amanda.
„Wir kriegen Besuch", antwortet Mutter.

„Wer kommt denn?" fragt Amanda.
„Tante Sandra und Onkel Martin",
antwortet Mutter, „mit Steffen und Emmi
und Peter."
Oliver und Amanda laufen in ihr
Zimmer.
Oliver zieht seinen Matrosenanzug an.
Amanda zieht ihr Strandkleid an.
Sie zieht Hanne Hase ihren schönsten
Schlafanzug an.
Alle warten auf den Besuch.

„Wann kommen sie denn?" fragt Oliver.
„Sie können jeden Augenblick hier sein",
antwortet Mutter.
„Jeden Augenblick?" fragt Amanda.
„Da kommen sie schon!" sagt Vater.

Onkel Martin hebt Amanda hoch.
„Wer ist denn dieses große Mädchen?"
fragt er.
„Amanda", sagt Amanda.

25

Mutter und Vater und Tante Sandra
und Onkel Martin setzen sich ins
Wohnzimmer.
Die Kinder gehen nach draußen.
„Was machen wir?" fragt Steffen.
„In der Sandkiste spielen", sagt Amanda.
„Sandkisten sind Babykram", sagt
Steffen.
„Wir spielen in meiner Festung", sagt
Oliver.

Steffen und Emmi und Peter gehen mit
Oliver zu seiner Festung.
Amanda baut allein eine Sandburg.

„Jetzt möchte ich fahren", sagt Steffen.
„Ich habe einen Bollerwagen", sagt
Amanda.
„Ich habe ein Fahrrad", sagt Oliver.
„Klasse!" sagt Steffen. „Fahren wir
damit!"
Er jagt auf Olivers Fahrrad durch den
ganzen Garten.

Dann dürfen die anderen auch mal auf
das Fahrrad.
Außer Amanda.
Sie kommt noch nicht an die Pedale.
Danach spielen sie Verstecken. Steffen findet
Oliver im Apfelbaum. Oliver entdeckt
Emmi in der Sandkiste.
Nach Amanda suchen sie nicht einmal.

„Bitte zu Tisch!" ruft Mutter.
Alle laufen zum Picknicktisch unter dem
Apfelbaum.

„Limonade, klasse", sagt Steffen.
„Und Schokoladenkuchen!" sagt Oliver.
Sie grabschen und stopfen und lachen.

„Zuviel Lärm und Gedränge", sagt
Amanda.
Sie packt Hanne Hase und krabbelt unter
den Tisch.

Da ist es wunderbar dämmrig und still.
Eine Menge Füße sind zu sehen.
„Es ist wie eine kleine Wohnung", sagt
Amanda.

„Es ist eine Höhle", sagt jemand. Es ist Amandas Cousin Peter.

„Wir können spielen, es wäre eine Höhlenwohnung", sagt Amanda.

„Ja, eine Wohnhöhle", sagt Peter.

„Ich hab ein Häschen", sagt Amanda. „Es heißt Hanne Hase."

„Ich hab ein Krokodil", sagt Peter.
„Es heißt Krokodil."
Amanda und Peter picknicken in ihrer
Höhlenwohnung. Sie essen Schokoladen-
kuchen und lauschen auf den Lärm
draußen und zählen Füße und sammeln
Kuchenkrümel auf.
Und schließlich fressen Hanne Hase und
Krokodil alle auf.

Das Schaumbad

„Sieh dir das an, Hanne Hase", sagt
Amanda. „Du hast Ei am Kinn und
Traubensaft an den Händen und Schmutz
am Bauch! Du bist ja ein richtiger
Dreckspatz."

„Tiger hat sowieso Streifen am Bauch",
sagt Oliver, „und außerdem sieben
Flecken."
„Ich finde, die Kinder brauchen ein Bad",
sagt Amanda.

Oliver läßt Wasser in die Wanne laufen.
Amanda gibt etwas Badeschaum dazu.

„Also los, Hanne Hase", sagt sie.

„Jetzt wasch dich mal. Ich helfe dir."
Amanda schrubbt Hanne Hases Bauch.
Sie schrubbt und schrubbt.
„Tut mir leid, Hanne Hase", sagt sie.
„Der Dreck sitzt tief drin. Wir brauchen
mehr Seife."
Sie gießt Shampoo ins Wasser.

„Ich krieg den Kaugummi aus Tigers
Schwanz nicht heraus", sagt Oliver.
Er gießt Badeschaum nach.

„Huch!" ruft Oliver. Die Flasche ist ihm
aus der Hand gerutscht und ins Wasser
gefallen.
„Das ist gut", sagt Amanda, „so werden
die Kinder wenigstens sauber."

Seifenblasen steigen auf. Sie steigen in die
Luft, sie wälzen sich über den
Badewannenrand, sie bedecken den
Boden.

„Oh, oh, oh", sagt Amanda.

Sie kann Hanne Hase nicht mehr sehen. Sie
kann nicht einmal mehr die Badewanne
sehen. Seifenblasen kriechen unter der Tür
durch in den Flur.

„Hilfe!" ruft Amanda. „Mutter!"

Mutter kommt die Treppe herauf.

„Amanda, Oliver! Wo seid ihr?"

„Hier!" sagt Amanda. „In den Seifenblasen."

„Was sollen wir tun?" fragt Oliver.

„Das Wasser aus der Wanne lassen", antwortet Mutter.

„Ich kann die Wanne nicht finden", sagt Oliver.

„Ich mach das", sagt Mutter. Aber sie rutscht und glitscht und landet auf dem Fußboden.

„Aua!" ruft Oliver. „Das bin ich!"

„Und ich", sagt Amanda.

Langsam platzen die Seifenblasen und
lösen sich auf.
Amanda kann die Wanne wieder sehen.
Und Mutters Gesicht. Es ist ärgerlich.

„Seht euch das bloß mal an", sagt sie.
„Wie sieht das hier aus! Und wie seht ihr
aus!"

Amanda sieht Oliver an.
„Du siehst wie ein Clown aus", sagt sie.
„Du siehst wie eine Wolke aus", sagt
Oliver. „Und schau Mutter an, sie hat
einen Hut auf!"

Die drei sehen in den Spiegel.
Mutter muß lachen. „Ich mag meinen
neuen Hut", sagt sie.
„Und ich mag meine neue Nase", sagt
Oliver.

Sie lachen alle drei.
Dann fangen sie an sauberzumachen.

Oliver und Amanda wickeln Hanne Hase und Tiger in Handtücher.

„Sieh mal, Mutter", sagt Amanda, „unsere Kinder sind ganz sauber."

„Das sind sie", sagt Mutter, „aber jetzt gibt es eine Weile kein Schaumbad mehr."

Amanda bläst eine Seifenblase aus Hanne Hases Ohr.

„Hast du gehört, Hanne Hase?" sagt sie. „Keine Schaumbäder mehr."

Das Geburtstagsgeschenk

„Heute hat jemand Geburtstag", sagt
Mutter.
„Hab ich Geburtstag?" fragt Amanda.
„Nein", sagt Mutter. „Du hast doch
gerade erst Geburtstag gehabt."

43

„Ich habe gern wieder Geburtstag", sagt Amanda, „damit ich schneller groß werde."

„Mein Geburtstag ist es noch nicht", sagt Oliver.

„Nein", sagt Mutter, „dein Geburtstag ist im nächsten Monat. Heute ist Vaters Geburtstag."

„Feiern wir ein Geburtstagsfest?" fragt Amanda.

„Ich finde, ja", sagt Mutter. „Und was brauchen wir dazu?"

„Geburtstagskuchen", sagt Amanda.

„Eis", sagt Oliver.

„Luftballons", sagt Amanda.

„Partyhüte", sagt Oliver.

„Und ein Geschenk", sagt Mutter.

Sie nimmt eine Schachtel aus dem
Schrank. Oliver und Amanda schauen
hinein.

„Solche Unterhose trägt Vater nicht", sagt
Oliver.

„Es ist eine Badehose", sagt Mutter.

„Ich möchte Vater auch etwas schenken",
sagt Oliver, „aber ich kann ihm nichts
kaufen."

„Ich auch", sagt Amanda.

„Es muß ja nichts Gekauftes sein", sagt
Mutter. „Ein Geschenk kann irgend etwas
sein. Etwas, wovon ihr denkt, daß es
Vater gefällt."
Oliver geht in sein Zimmer.

„Darüber freut sich Vater bestimmt", sagt
er. „Eine kugelrunde Uhr."
„Was für ein hübsches Geschenk", sagt
Mutter. „Ich helfe dir, es schön
einzuwickeln."

Amanda geht in ihr Zimmer. Sie schaut sich alle ihre Spielsachen an.

„Vater ist zu groß für Bauklötze", sagt sie. „Und ein eigenes Auto hat er auch. Was könnte ich Vater schenken?"

Sie sieht Hanne Hase auf dem Bett sitzen.

„Wenn ich Vater wäre", sagt Amanda,
„würde ich mich über so ein Geschenk am
meisten freuen."
Sie nimmt Hanne Hase auf den Arm.
Sie sagt: „Aber ich mag Hanne Hase
auch!"

Sie setzt Hanne Hase ab.
„Aber es wäre mein allerschönstes
Geburtstagsgeschenk", sagt sie.

Vater freut sich über die Geburtstagsfeier.
Und er freut sich über die Geschenke.
„Etwas zum Anziehen und etwas zum
Ansehen und etwas zum Schmusen", sagt
er. „Vielen Dank euch allen!"

49

Später liegt Amanda in ihrem Bett.
Sie kann nicht schlafen.
Ihr Bett ist so groß und leer ohne Hanne
Hase.

Vater öffnet die Tür.
„Amanda", sagt er, „ich kann nicht
schlafen. Wegen Hanne Hase. Sie zappelt
die ganze Zeit."

„Bei mir zappelt sie nie", sagt Amanda.
„Vielleicht vermißt sie dich", sagt Vater.
„Na ja, ich bin ja auch ihre Mutter", sagt
Amanda.
„Ich glaube, sie braucht ihre Mutter
noch", sagt Vater.

„Würdest du dich um sie kümmern, bis sie ein bißchen größer ist?" fragt Vater.

„Gerne", sagt Amanda.

„Danke dir", sagt Vater.

Amanda drückt Hanne Hase an sich.

„Gute Nacht, Vater", sagt sie.

„Und gute Nacht, Hanne Hase."

Groß werden

„Mutter", sagt Amanda, „kann ich dir etwas helfen?"

„Du kannst den Teig anrühren für die Pfannkuchen zum Abendessen", sagt Mutter.

Amanda rührt den Teig.
„Du bist schon eine große Hilfe", sagt
Mutter.

„Ich kann eine Menge", sagt Amanda.
„Ich bin schon fast groß, weißt du. Ich
werde bald ausziehen."
„Du meine Güte", sagt Mutter. „Schon?"

„Erzähl mir, was du vorhast, während
wir auf Vater und Oliver warten."
Mutter und Amanda setzen sich in den
großen Sessel.
„Was willst du machen, wenn du groß
bist?" fragt Mutter.
„Ich will Ballett-Tänzerin werden", sagt
Amanda. „Und Köchin. Und Ärztin. Und
ich werde zum Mond fliegen."

„Alles gleichzeitig?" fragt Mutter.
„Da hast du ja viel vor."
„Ja, ich habe viel zu tun, wenn ich groß
bin", sagt Amanda.
„Wo willst du wohnen, wenn du nicht
gerade zum Mond fliegst?" fragt Mutter.
„Ich werde ein Haus bauen, gleich neben
deinem", antwortet Amanda.

„Und ich werde alles tun, was ich will und wann ich will. Ich werde Parfüm benutzen und um Mitternacht schlafen gehen und niemals Eier essen."

„Das hört sich gut an", sagt Mutter. „Wirst du Kinder bekommen?"

„Sechs, denke ich", sagt Amanda.

„Ich möchte wissen, wie ich aussehe, wenn ich groß bin. Werde ich so aussehen wie du?"

„Vielleicht", sagt Mutter. „Aber vor allem wirst du aussehen wie du selbst, glaube ich. Ich werde dich vermissen."

„Mach dir keine Sorgen", sagt Amanda. „Ich werde dich besuchen. Montags und freitags."

„Das ist gut", sagt Mutter. „Sitzen wir dann wieder im Sessel?"

„Ich glaube nicht", sagt Amanda, „ich werde dafür zu groß sein."

„Schade", sagt Mutter, „das wird mir sehr fehlen. Wir sollten noch ein bißchen schmusen, bevor es zu spät ist."

Und sie umarmen sich ganz fest.

„Mutter", sagt Amanda, „vielleicht bin ich
nicht sehr groß, wenn ich groß bin.
Vielleicht passen wir doch noch in den
Sessel."
„Ich hoffe es sehr", sagt Mutter.
Und sie schmusen noch ein bißchen,
während sie auf Vater und Oliver warten.

Alle „Oliver und Amanda"-Titel
auf einen Blick

Oliver und Amanda
bekommen Besuch

Oliver und Amanda
warten auf den Sommer

Oliver und Amanda
spielen Super-Schwein

Oliver und Amanda
fliegen zur Großmutter

Oliver und Amanda
finden ein Geschenk

Oliver und Amanda
suchen Omas Brille

Die Bände gibt es
in Druck- und Schreibschrift.